조천용
산 그리고 산

장소

목차

보성고등학교
   전국 산악부 한라산 등반_(한국산악회 홍종인 회장 환영)
    우이암 1957
    전국 고등학교 산악부_크로스컨트리 대회
고려대학교
    설악산 1960~63
    봉정암 1963
지리산 1961
한라산 1962
인수봉 1962
설악산 용아장성 1970
프랑스 국립스키등산학교 1971
북한산 백운대
에베레스트 초모랑마 1995
페루 마추픽추 2004
히말라야 트래킹 2005
고려대학교 100주년기념_엘브르즈 등반 2005
보성고등학교 100주년기념_파키스탄 레이디스 핑거 2006
네팔 에베레스트 칼라파타르 2007
파키스탄 낭가파르밧 2008
나의 애장품 2001
제2회 동아사진콘테스트 특선_"모정" 1964

머리말

조천용 씨가 떠난지 2년 가까운 즈음.
산과 사진을 사랑한 그의 흔적으로 사진집을 출간하게 되었습니다.
생전에 그가 준비해둔 사진이 쓰였습니다.

그는 가정보다 직장에서 주어진 일과 산행에 더 충실하고 적극적이었습니다.
결혼 첫달치 월급부터 입원하기 전달까지 생활비를 책임졌습니다.
아이들의 교육이나 가정사를 완전히 제게 맡겨 잘 이끌수 있었습니다.

그가 비록 곁에 없어도 한편으로는 극락 왕생하여 심신의 괴로움을 벗어나
가족을 지켜주라는 믿음으로 기도하며 지냅니다.

남긴 사진들을 보며 그가 만족할 만한 책을 내는 것이 저의 임무라 느껴 평소
가깝게 지낸 주명덕에게 도움을 청해 책을 내게 되었습니다.
도움을 주신 주명덕 님과 김재경 님에게 감사드립니다.

조천용 배우자 윤문석

조천용

산행기록 1957~2008

보성고등학교

전국 산악부 한라산 등반
(한국산악회 홍종인 회장 환영)

우이암 1957

전국 고등학교 산악부
크로스컨트리 대회

고려대학교

설악산 1960~63
(봉정암 1963)

지리산 1961

한라산 1962

인수봉 1962

설악산 용아장성 1970

프랑스 국립스키등산학교 1971

북한산 백운대

에베레스트 초모랑마 1995

페루 마추픽추 2004

히말라야 트래킹 2005

고려대학교 100주년기념
엘브르즈 등반 2005

보성고등학교 100주년기념
파키스탄 레이디스 핑거 2006

거대한 낭가 파르밧 남벽은 지구상의 모든 산군 가운데 가장 높은 벽이다. 힌두교도들은 고된 경작일에 허리를 펴고 무시무시한 빙벽을 보며 구름 위에 솟은 저 산의 꼭대기에는 악령들이 모여 앉아 그들의 가족과 가축에게 전염병을 퍼뜨리고 수확물에는 폭풍우를 보내고 있을거라 생각했던 것은 전혀 놀랄 일이 아니다.
헤르히코퍼 베이스캠프는 연녹색의 여린 풀들이 양탄자처럼 펼쳐진 아름다운 분지이다.

양귀비꽃이 바람에 살랑거려 시선을 멎게 하고 내려가는 길은 평화롭기만 했다.
훈자에는 살구가 무르익고 있었다.(조천용)

네팔 에베레스트 칼라파타르 2007

파키스탄 낭가파르밧 2008

조천용(曺千勇) 1941~2023

약력

1953~1960 보성중고등학교 졸업(보성고산악부 창립)
1960~1965 고려대학교 철학과 졸업(현대사진연구회)
1965~1975 동아일보 사진부기자(수습 7기)
1977~1989 대한항공 선전실(모닝캄 제작 담당)
1989~1998 시사저널 사진부장, 부국장
2001~2012 한세대학교, 한국산업기술대학교 겸임교수
2012~2023 동아일보 동우회 사진클럽 지도강사
           한국산악회 부회장. 종신회원

나의 애장품 2001

제2회 동아사진콘테스트 특선
"모정" 1964

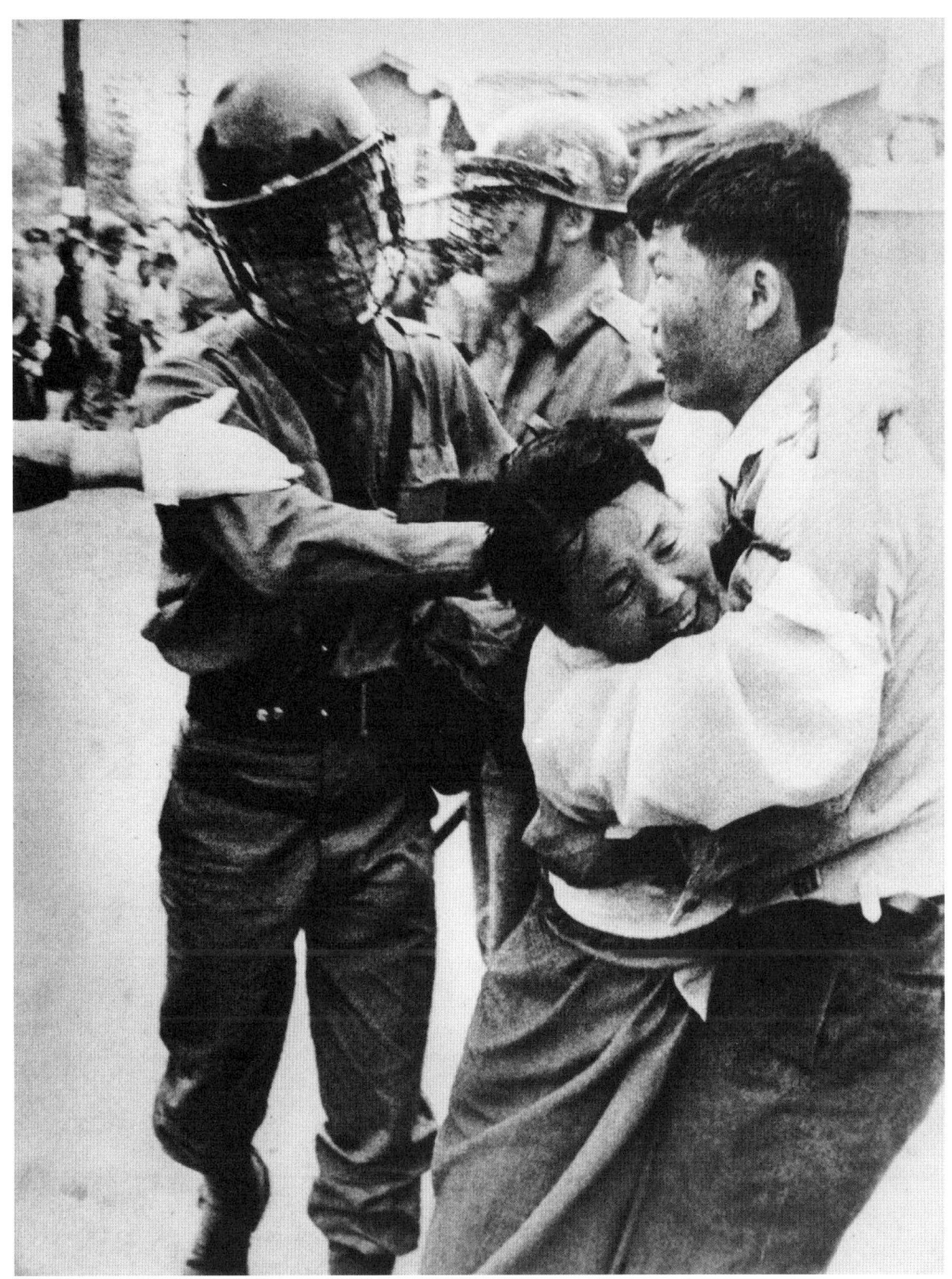